AF336303

L'ÉDUCATION DE LA POUPÉE

Marie était une jeune demoiselle de dix ans. Sa mère avait promis de lui donner, quand elle serait sage, une poupée qui parlerait ; aussi Marie tourmentait sans cesse sa maman pour avoir la poupée promise, mais sa maman lui répondait :

— Tu n'es pas assez raisonnable ; tu ne peux pas te corriger de tes défauts, comment corrigerais-tu ceux de ta poupée ? Écoute-moi bien quand je te fais des observations ; apprends bien tes leçons ; suis bien tous mes conseils, tu deviendras sage et instruite, et quand tu seras devenue sage et instruite, je te donnerai la poupée que je t'ai promise ; parce que tu seras alors capable de faire son éducation.

1861

Marie redoubla de zèle, et profita si bien des avis de sa bonne mère, qu'elle obtint enfin la poupée tant désirée.

Cette poupée était vraiment merveilleuse ; elle parlait, marchait, voyait, entendait, mangeait ; en un mot, se servait de tous ses membres et de tous ses sens comme une personne naturelle, et, dès qu'elle aperçut Marie, elle lui sauta au cou, en lui disant :

— Bonjour, petite maman !

Mais toute son éducation était à faire.

Il fallait d'abord l'habiller, car elle n'avait que sa chemise pour tout vêtement. Marie se mit donc à l'ouvrage et commença son trousseau, composé de six chemises, deux jupons, une crinoline, trois petits cols et autant de paires de manches blanches ; puis, pour pouvoir la mener promener, elle lui fit bien vite une jolie petite robe. Sa maman lui fit cadeau d'un beau petit chapeau, de trois paires de jolis bas et d'une paire de bottines. Lorsque tout fut prêt, il tardait autant à la Poupée qu'à la petite maman Marie de mettre cette charmante toilette ; mademoiselle Poupée avançait déjà les bras pour passer la robe, quand sa maman lui dit :

— « Mademoiselle, il faut commencer par vous peigner et vous débarbouiller. »

C'est alors surtout que Marie vit bien que l'éducation de sa fille était véritablement toute à faire.

La voilà, en effet, qui se met à pleurer, ne voulant pas se laisser débarbouiller ni peigner.

Marie la menaça de ne pas la mener promener, et, tout en l'amusant avec des histoires, se mit à démêler ses cheveux, qui étaient tellement emmêlés, qu'à chaque instant le peigne se trouvait arrêté ; et Poupée de crier.

— « Vois-tu, lui disait sa petite maman, si tu ne te laissais pas peigner ? Tu sens bien comme j'ai de la peine à passer mon peigne dans tes cheveux ? Eh bien, ce serait bientôt impénétrable. Les petites bêtes se logeraient là-dedans, y feraient leurs nids, y déposeraient leurs œufs, et, comme on ne les dérangerait pas, elles grossiraient, grossiraient, et confectionneraient des cordes avec tes cheveux !... Qui sait si ce ne sont pas déjà des commencements de corde, des nœuds qui retiennent mon peigne ? J'en frémis rien que d'y penser ; car alors les petites bêtes, devenues grosses, descendent par terre au bout de leurs cordes, et, se mettant à tirer, elles entraînent à la rivière les petites filles qui ne sont pas propres. »

Quand Marie eut fini son histoire, mademoiselle Poupée ne pleurait plus ; elle se voyait déjà dans la rivière.

L'histoire avait produit son effet, et sa maman l'avait peignée et débarbouillée. A partir de ce moment, mademoiselle Poupée n'attendit plus que sa maman lui dise : « Viens te faire peigner. » Elle venait d'elle-même trouver sa maman, de peur qu'elle ne l'oubliât, et lui disait :

— « Veux-tu me peigner, petite maman ? »

Aussi ses cheveux devinrent-ils très-beaux ; ils étaient souples et brillants comme de la soie, ce qui faisait ressortir l'éclat de son teint, remarquable par sa blancheur, depuis qu'elle se laissait aussi débarbouiller.

Dès que Marie eut donc débarbouillé et peigné sa fille, elle procéda à sa toilette ; ce furent d'abord les bas, puis les bottines ; elle eut même assez de peine dans cette opération, car mademoiselle Poupée tenait très-mal son pied ; ensuite elle changea la chemise et lui en mit une toute blanche neuve, puis la collerette et la robe.

Il fallait voir comment, pendant toute cette cérémonie, mademoiselle Poupée se regardait et souriait d'aise. Enfin on lui plaça coquettement son joli chapeau sur la tête, et la mère et la fille partirent pour la promenade.

Mademoiselle Poupée était fière d'avoir, pour la première fois de sa vie, une robe ; elle ne se sentait pas de joie ; elle était, il faut le dire, très-gentille, mais la modestie est ce qui sied le mieux aux demoiselles, et mademoiselle Poupée, bien loin d'être modeste, se montrait déjà fort coquette. Elle regardait de côté les autres poupées, qu'elle trouvait moins bien mises qu'elle ; elle s'admirait et se croyait la plus belle poupée du monde. Sa coquetterie et sa vanité, car l'une ne va guère sans l'autre, eurent bientôt à souffrir.

En continuant, en effet, leur promenade, Marie et sa fille rencontrèrent sur leur chemin d'autres poupées de son âge et plus richement habillées qu'elle. Mademoiselle Poupée rougit de dépit ; elle regarda ses vêtements, les trouva par comparaison mesquins, et eut la sottise d'en faire des reproches à sa maman (La coquetterie mène souvent, sans qu'on s'en doute, à l'ingratitude). Sa maman la gronda très-fort, et chercha à lui faire comprendre que l'on doit toujours se mettre suivant ses moyens ; qu'il n'est pas permis à tout le monde d'être riche, et que d'ailleurs la simplicité est toujours la plus belle parure d'une petite fille. Et comme mademoiselle Poupée continuait à faire la moue, Marie la ramena à la maison.

Elles n'étaient pas plus tôt arrivées, que mademoiselle Poupée se met à crier :

— « Maman, j'ai faim ! »

— « Qu'est-ce que c'est que cette manière de demander à manger? lui dit sa petite mère ; passe pour cette fois, mademoiselle ; mais je vous préviens, une fois pour toutes, que si, une autre fois, vous n'êtes pas plus polie, je ne vous donnerai rien du tout pour satisfaire votre appétit, quand bien même il égalerait celui de Gargantua. »

Mademoiselle Poupée se mordit les lèvres et se le tint pour dit.

Cependant, après avoir ôté le chapeau de sa poupée et le sien, et s'être débarrassée de son pardessus, Marie mit sa fille à table et servit la collation.

Il y avait des confitures et des gâteaux ; les gâteaux étaient à peine sur la table, que mademoiselle Poupée mit la main dessus ; il est vrai qu'ils étaient très-appétissants.

Sa maman, occupée encore à sortir des assiettes du buffet, se retourne et la surprend la main dans le plat :

— « C'est bien laid, ce que vous faites là, mademoiselle ; comment ! je vous donne une bonne petite collation, bien que vous ne le méritiez guère pour la manière dont vous avez demandé à manger, et vous n'attendez seulement pas que je sois à table et que je vous serve ! Vous êtes une gourmande et une égoïste ! »

— « Je veux être égoïste, moi, na ! » reprit la poupée.

Cette repartie fit sourire la maman, mais ne l'empêcha pas de faire sortir de suite la demoiselle de table, en lui faisant laisser son gâteau, et de la mettre en pénitence pour la punir de sa gourmandise, de son égoïsme et de son impertinence.

Mademoiselle Poupée n'était pas méchante ; mais, comme nous l'avons dit, elle péchait par l'éducation ; et heureusement pour elle, sa petite maman avait si bien suivi les conseils et l'exemple de sa mère, qu'elle était à même de corriger les défauts de mademoiselle Poupée, en développant ses qualités de manière à en faire une poupée exemplaire, comme nous le verrons plus tard ; mais elle avait encore fort à faire.

Mademoiselle Poupée pleura beaucoup, et, toute repentante, vint bientôt demander pardon à sa petite maman : elle promit qu'elle ne le ferait plus. Marie lui pardonna donc et l'embrassa en signe de réconciliation ; mais en lui promettant à son tour, que si elle recommençait, elle la mettrait au pain sec et à l'eau pendant un mois. La poupée profita de l'avis et ne recommença pas.

Les larmes de mademoiselle Poupée furent bientôt sèches : alors sa petite maman, la voyant en bonnes dispositions, prit un alphabet :

— « Allons, ma fille, dit-elle, il faut un peu travailler ; nous venons de nous promener, maintenant je vais te donner une leçon de lecture. C'est si laid, une petite fille qui ne sait pas lire ! Tout le monde sait lire, aujourd'hui ! Il n'y a que les petits ânes qui ne savent pas ; et tu ne voudrais pas devenir un petit âne avec de longues oreilles ? »

— « Oh ! non, vraiment ! » dit mademoiselle Poupée en portant les mains à ses oreilles.

Et, dans la crainte d'avoir de longues oreilles d'âne, elle vint docilement se mettre devant sa petite maman, qui tenait l'alphabet sur ses genoux.

Ce n'est pas chose facile que d'enseigner à lire ! Marie s'en aperçut bientôt, et comprit, peut-être pour la première fois, combien il avait fallu de patience à sa maman pour le lui montrer à elle-même.

Plus d'une fois, elle fut sur le point de perdre patience ; mais le souvenir et l'exemple de sa mère la continrent si bien, qu'elle parvint à apprendre depuis l'A jusqu'à Z à sa jeune élève, sans que celle-ci pût soupçonner la peine qu'elle avait donnée à sa petite maman.

Comme Marie avait également des devoirs à faire, elle interrompit la leçon de lecture, en engageant sa fille à continuer à épeler toute seule les lettres qu'elle venait de lui montrer, pendant qu'elle travaillerait de son côté. Elle approche la table de la fenêtre, apporte son pupitre, ses cahiers, installe mademoiselle Poupée, avec son livre, dans son petit fauteuil à côté d'elle, et se met au travail, en recommandant à sa fille d'être sage et de bien lire.

Mademoiselle Poupée, cependant, faisait semblant de lire : elle avait bien son livre sur les genoux, mais elle ne le lisait pas du tout, et ne le regardait seulement pas. Elle pensait, comme toutes les paresseuses, au moyen de s'en aller, sans que sa maman s'en aperçoive, pour jouer dans la cour ; et dans ce but, elle suivait en dessous, du regard, tous les mouvements de sa petite mère, dont l'application aurait bien dû lui servir d'exemple.

Enfin, dès qu'elle la voit bien absorbée par son travail, elle se lève tout doucement, pose son livre à terre, se dirige à pas de loup vers la porte, l'atteint, sort sans bruit de la chambre, et arrive bientôt dans la cour, objet de ses désirs.

La première chose qu'elle aperçoit, ce sont les lapins. Oh ! quel bonheur ! comme elle va s'amuser ! Elle commence par leur donner à manger des feuilles de chou à travers les barreaux de leur cage ; mais ces barreaux sont gênants et l'ennuient, car ils ne lui permettent de caresser que le bout du nez de ces charmants petits lapins.

Si elle pouvait leur ouvrir la porte, elle jouerait bien mieux avec eux ! Elle regarde, cherche, tâtonne, enfin fait si bien de ses yeux et de ses mains, qu'elle finit par découvrir que la porte n'est retenue que par une ficelle attachée en dehors à un clou. Ce n'est pas long ; elle enlève la ficelle, et l'un des battants de la porte s'ouvre aussitôt de lui-même.

Les lapins montrent d'abord quelque hésitation ; ils ne peuvent en croire leurs yeux, et s'imaginer qu'on puisse ainsi leur offrir pour de bon la liberté ; ils redoutent l'odeur de la gibelotte, et restent tapis pendant quelque temps dans leur coin : c'est à qui se cachera le plus et le mieux au fond de leur demeure. Voyant pourtant que la porte de leur prison ne se referme pas, et que ce n'est pas tout simplement pour s'emparer de l'un d'eux, suivant la coutume du cuisinier, qu'une main étrangère s'est introduite dans leur niche, ils s'enhardissent, reprennent du cœur, lèvent la tête, font quelques pas, et, lorsqu'ils reconnaissent que les deux ou trois premiers sont dehors libres et sains et saufs, c'est à qui ne restera pas le dernier : ils sortent alors de tous côtés, en se grimpant les uns sur les autres, et se sauvent dans le jardin, enchantés de pareille fête.

La pauvre Poupée voit alors sa sottise : elle voudrait bien ne leur avoir pas ouvert. Elle qui pensait tant s'amuser avec eux, les voilà qui courent les champs! Il faut pourtant essayer de les réintégrer dans leur domicile !

Elle s'élance à leur poursuite : course vaine! vains efforts! Les ingrats lapins, profitant de leur liberté, ont bientôt disparu dans les massifs, sans laisser d'autres traces de leur présence que les empreintes accusatrices de leurs pattes sur les plates-bandes.

D'autres que mademoiselle Poupée, au désespoir d'une telle mésaventure, eussent été de suite conter leurs peines à leur petite maman, en confessant leur faute et témoignant de leur repentir. Il faut croire que mademoiselle Poupée espérait que sa maman n'en saurait rien; ou bien, peut-être, attirée par l'éclat des fleurs de toutes couleurs qui se trouvaient sous sa main, oublia-t-elle tout d'un coup les lapins. Bref, au lieu de reutrer à la maison, honteuse et confuse, elle fit comme les lapins, et profita de sa présence dans le jardin pour en jouir à sa manière.

La voilà donc taillant, coupant, ou plutôt cassant, car elle n'avait ni couteau ni ciseaux; la voilà, dis-je, saccageant les plus belles fleurs, sous le prétexte de se faire un bouquet.

Cependant, Marie s'était aperçue que Poupée n'était plus à côté d'elle; elle l'avait appelée sans recevoir de réponse, s'était mise à la chercher, et l'avait vue au moment où, après avoir ouvert aux lapins, elle se précipitait à leur poursuite dans le jardin.

Elle court à son tour après la petite espiègle et la surprend, sans être vue, cueillant la plus belle rose du parterre. Elle s'approche; mademoiselle Poupée se retourne et se trouve face à face avec sa maman. Elle jette bien vite ses fleurs.

Mais sa maman :

— « Qu'est-ce que vous faites ici, mademoiselle? dit-elle d'un air sévère. Je croyais vous avoir recommandé d'être sage et de rester à lire à côté de moi? »

Et mademoiselle Poupée de ne rien répondre.

— « Qui vous a permis de venir vous promener au jardin?... Avez-vous demandé la permission, seulement? »

Toujours même silence de la part de mademoiselle Poupée.

— « Voyez où conduisent la paresse et la désobéissance?... Si vous étiez restée à étudier votre leçon, vous n'auriez pas abîmé toutes ces fleurs! »

Un espoir de se sauver par le mensonge naît en ce moment dans l'esprit de mademoiselle Poupée, pensant que sa mère n'est peut-être pas au courant de tout ce qui s'est passé.

— « Ce n'est pas moi, maman, dit-elle, ce sont les lapins! »

— « Vous mentez, mademoiselle! ce qui est encore plus laid que de cueillir des fleurs sans permission! Vous mentez, car je vous ai vue! Menteuse et méchante!... Vous accusez, pour vous défendre, des innocents, ces pauvres petits lapins!... Ah! ce sont les lapins! Ce sont eux, sans doute, aussi qui, non contents d'avoir cueilli les fleurs, les ont apportées derrière vous? Vous avez beau vouloir les cacher, je les vois!... Et qu'est-ce qui a ouvert aux lapins?... C'est sans doute le chat? »

Mademoiselle Poupée était atterrée; elle commençait à comprendre toute l'étendue de sa faute, et comment les fautes s'enchaînent toutes entre elles, de telle manière que la faute la plus légère peut entraîner à la plus grande. Elle se mit à fondre en larmes en criant :

— « Pardon, petite maman, grâce! Je ne le ferai plus, je te le promets! »

— « Vous promettez toujours, mademoiselle, et vous ne tenez jamais! Vous serez punie comme vous le méritez. Rentrez à la maison devant moi, car je ne veux pas vous donner la main. »

Mademoiselle Poupée, nous l'avons dit, n'était pas méchante, mais elle était oublieuse, et peut-être un peu trop insouciante; elle avait besoin d'une bonne leçon.

Elle eut donc beau pleurer, crier, protester, sa maman fut inflexible. Dès qu'elles furent de retour dans sa chambre, Marie prit un grand morceau de carton dont elle fit un écriteau, sur lequel elle écrivit en grosses lettres : « *Paresseuse*, — *désobéissante*, — *méchante*, — *menteuse*. » Puis, passant l'écriteau autour du cou de mademoiselle Poupée, elle la mit à la porte, de manière que toutes les personnes qui passaient apprenaient les belles qualités de mademoiselle Poupée.

Celle-ci, honteuse, les yeux baissés, le rouge à la figure, n'osait se retourner, et entendait les mamans de ses petites amies, qui la leur montraient en faisant tout haut des réflexions peu à son avantage; toutes concluaient en disant : « Elle doit être bien laide, car il n'y a rien qui enlaidit comme les vilains défauts qui sont inscrits sur cet écriteau. » Aussi se gardait-elle bien de montrer son visage; elle eût voulu être à cent pieds sous terre, car elle ne manquait pas d'amour-propre. Enfin, sa mère lui pardonna. Ce fut une terrible et cruelle punition pour mademoiselle Poupée, mais ce fut la dernière.

A partir de ce moment, en effet, elle changea du tout au tout : douce, prévenante, studieuse, obéissante, elle fit tout ce qu'elle put pour plaire à sa petite maman. Marie n'avait plus besoin de lui dire de travailler; elle était, au contraire, obligée de lui faire cesser son travail pour l'envoyer jouer et prendre l'exercice nécessaire à sa santé. Marie n'avait qu'à exprimer un désir, pour qu'aussitôt il fût accompli, si son accomplissement ne dépendait que de mademoiselle Poupée. Jamais il ne lui arriva plus de dire le contraire de la vérité, même en riant, tant elle avait horreur du mensonge. Enfin, elle devint bonne et compatissante; elle eût craint de faire du mal à une mouche, et quand sa maman lui donnait un sou pour s'acheter un gâteau, si elle rencontrait un pauvre sur son chemin, elle lui donnait son sou, sans regrets. Aussi sa maman la récompensa. Comme elle désirait depuis long-temps une poupée, Marie la lui donna en lui disant, comme sa mère lui avait dit à elle-même :

— « Voici une poupée qui parle, mange, voit, entend, marche, enfin fait tout comme une vraie petite fille, mais son éducation est toute à faire ; je te la donne, car je pense que tu es aujourd'hui assez sage et instruite pour faire cette éducation, et j'espère que tu me prouveras que je ne me suis pas trompée. »

Et la poupée sauta au cou de mademoiselle Poupée en lui disant :

— « Bonjour, petite maman ! »

La nouvelle poupée, à pareille école, ne pouvait manquer d'être bien élevée ; aussi fut-elle, comme sa maman et sa grand'maman, le modèle de toutes les poupées futures, présentes et passées.

FIN DE L'ÉDUCATION DE LA POUPÉE

LAGNY. — Typographie de A. VARIGAULT et Cie